Impressum

Verlag: BABADADA GmbH, Nedderfeld 112 , 22529 Hamburg

Geschäftsführer / Verlagsleitung: Harald Hof

Druck: Books on Demand GmbH, In de Tarpen 42, 22848 Norderstedt

Imprint

Publisher: BABADADA GmbH, Nedderfeld 112 , 22529 Hamburg, Germany

Managing Director / Publishing direction: Harald Hof

Print: Books on Demand GmbH, In de Tarpen 42, 22848 Norderstedt

դպրոց

學校

մատյան
教室
բաժանել
除
186/2
գրատախտակ
黑板
խաղադաշտ
ուսուցիչ
老師
թուղթ
紙
գրել
書寫
գրիչ
筆
գրասեղան
辦公桌
քանոն
直尺
գիրք
書
աշակերտ
學生

պայուսակ

書包

գրչատուփ

鉛筆盒

մատիտ

鉛筆

մատիտի սրիչ

削鉛筆機

ռետին

橡皮擦

նկարչական ալբոմ

畫板

նկարչություն

圖畫

վրձին

畫筆

ներկերի տուփ

顏料盒

մկրատ

剪刀

սոսինձ

膠水

տետր

練習冊

Տնային աշխատանք

家庭作業

12

թիվ

數字

2+2

գումարել

加

5-2

հանել

減

2×2

բազմապատկել

乘

հաշվել

計算

A

տառ

字母

ABCDEFG
HIJKLMN
OPQRSTU
VWXYZ

այբուբեն

字母表

hello

բառ

字

տեքստ

課文

կարդալ

讀

կավիճ

粉筆

դաս

上課

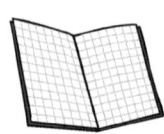

մատյան

登記

քննություն

考試

վկայական

證書

դպրոցական համազգեստ

校服

կրթություն

教育

հանրագիտարան

百科全書

համալսարան

大學

մանրադիտակ

顯微鏡

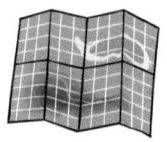

քարտեզ

地圖

աղբարկղ

廢紙簍

հյուրանոց
飯店
Grand
հանրակացարան
青年旅社
ROOMS
CHANGE
փոխանակման կետ
外幣兌換處
ճամպրուկ
手提箱
ավտոմեքենա
汽車

լեզու

語言

այո / ոչ

是/否

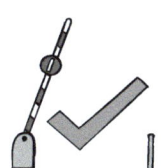

Լավ

好的

ողջույն

您好

թարգմանիչ

翻譯人員

Շնորհակալություն

謝謝

Որքան է ...?

……多少錢？

Ես չեմ հասկանում

我不明白

խնդիր

問題

Բարի երեկո

晚上好！

Բարի լույս

早上好！

Բարի երեկո

晚安！

ցտեսություն

再見

ուղղություն

方向

ուղեբեռ

行李

պայուսակ

包

մեջքի պայուսակ

背包

հյուր

客人

սենյակ

房間

քնապարկ

睡袋

վրան

帳篷

Զբոսաշրջության տեղեկատվական

旅行資訊

լողափ

海灘

ԿՐԵԴԻՏ քարտ

信用卡

նախաճաշ

早餐

լանչ

午餐

ճաշ

晚餐

տոմս

票

վերելակ

電梯

կնիք

郵票

սահման

邊界

մաքսային

海關

դեսպանություն

大使館

մուտքի արտոնագիր

簽證

անձնագիր

護照

Փոխադրամիջոցներ

交通運送

ինքնաթիռ
飛機
նավ
船
հրշեջ մեքենա
消防車
ավտոբուս
公車
բեռնատար մեքենա
卡車
մոտորանավակ
汽艇
ավտոմեքենա
汽車
հեծանիվ
腳踏車

լաստանավ

渡輪

նավակ

小船

մոտոցիկլ

機車

ոստիկանության մեքենա

警車

մրցարշավային մեքենա

賽車

վարձակալվող մեքենա

租車

մեքենայի վարձակալում

拼車

էվակուատոր

拖車

աղբահանության մեքենա

垃圾車

շարժիչ

馬達

վառելիք

汽油

բենզալցակայան

加油站

երթևեկության նշան

交通標識

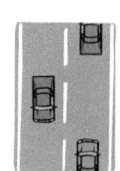

երթևեկություն

交通

խցանում

交通堵塞

ավտոկանգառ

停車場

երկաթուղային կայարան

火車站

երկաթուղագիծ

軌道

գնացք

火車

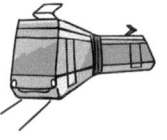

տրամվայ

路面電車

վագոն

客車廂

ուղղաթիռ

直升機

օդանավակայան

機場

աշտարակ

塔

ուղեւոր

乘客

աման

集裝箱

խավաքարտ

紙板箱

սայլ

手推車

զամբյուղ

籃子

հանեք / հողատարածք

起飛/降落

քաղաք

城市

գյուղ

村莊

քաղաքի կենտրոնում

市中心

տուն

房子

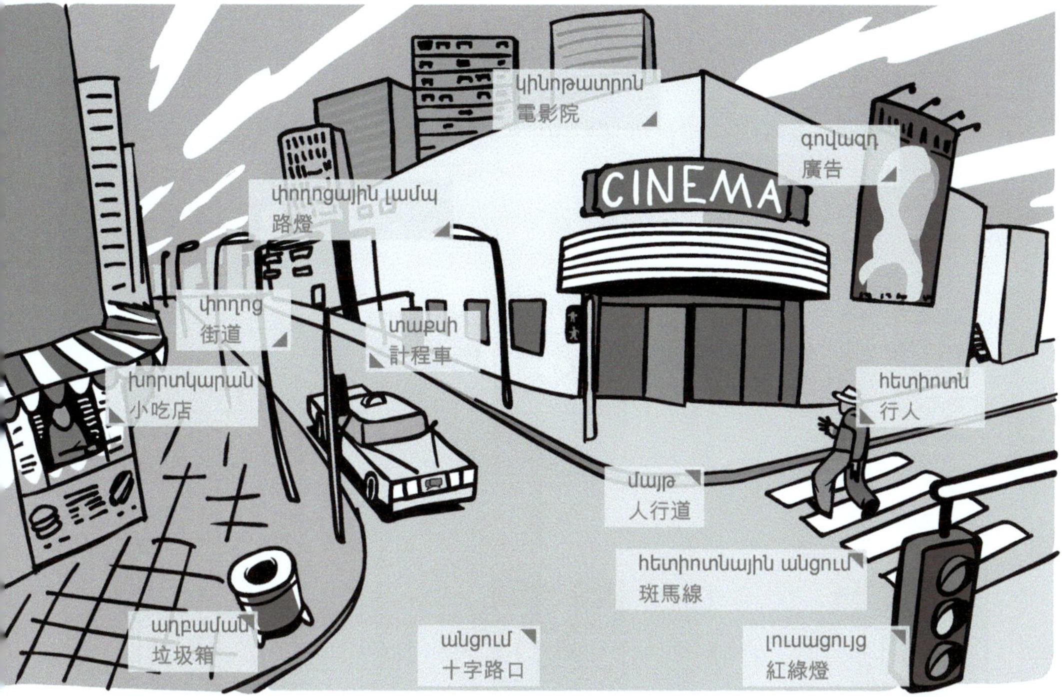

կինոթատրոն
電影院
CINEMA
գովազդ
廣告
փողոցային լամպ
路燈
փողոց
街道
տաքսի
計程車
խորտկարան
小吃店
հետիոտն
行人
մայթ
人行道
հետիոտնային անցում
斑馬線
աղբաման
垃圾箱
անցում
十字路口
լուսացույց
紅綠燈

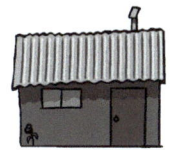

խրճիթ

小屋

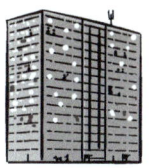

բնակարան

公寓

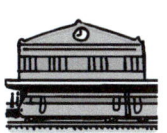

երկաթուղային կայարան

火車站

քաղաքապետարան

市政廳

MUSEUM

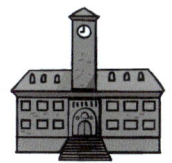

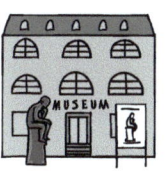

թանգարան

博物館

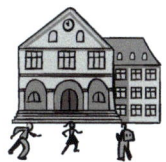

դպրոց

學校

համալսարան

大學

բանկ

銀行

հիվանդանոց

醫院

հյուրանոց

飯店

դեղատուն

藥房

գրասենյակ

辦公室

գրքույկ խանութ

書店

խանութ

商店

ծաղկի խանութ

花店

սուպերմարկետ

超市

շուկա

市場

հանրախանութ

百貨商店

ձկան խանութ

魚店

առեւտրի կենտրոն

購物中心

նավահանգիստ

海港

զբոսայգի

公園

բանկերը

長凳

կամուրջ

橋

աստիճաններ

樓梯

մետրո

捷運

թունել

隧道

ավտոբուսի կանգառ

公車站

բար

酒吧

ռեստորան

餐館

փոստարկղ

郵筒

փողոցային նշան

路標

ավտոկայանման հաշվիչ

停車計時器

կենդանաբանական այգի

動物園

լողավազան

游泳池

մզկիթ

清真寺

ֆերմա

農場

աղտոտման

污染

գերեզմանոց

墓地

եկեղեցի

教堂

խաղահրապարակ

操場

տաճար

寺廟

բնապատկեր

地形

樹葉
ուղղության նշան
指示牌
ճանապարհ
路
մարգագետին
草地
քար
石頭
արշավականներ
徒步旅行者
ծառ
樹
գետ
河
խոտ
草
ծաղիկ
花

հովիտ

峡谷

բլուր

丘陵

լիճ

湖

անտառ

森林

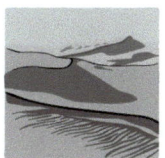

անապատ

沙漠

հրաբուխ

火山

ամրոց

城堡

ծիածան

彩虹

սունկ

蘑菇

արմավենու ծառ

棕櫚樹

մժեղ

蚊子

թռչել

蒼蠅

մրջյուն

螞蟻

մեղու

蜜蜂

սարդ

蜘蛛

բզեզ

甲蟲

գորտ

青蛙

սկյուռ

松鼠

ոզնի

刺蝟

նապաստակ

野兔

բու

貓頭鷹

թռչուն

鳥

կարապ

天鵝

վարազ

野豬

եղջերու

鹿

իշայծյամ

麋鹿

պատնեշ

水壩

քամին տուրբինների

風力發電機

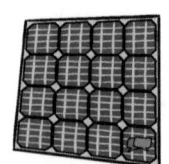

արեւային վահանակ

太陽能電池板

կլիմա

氣候

ռեստորան
餐館

մատուցող
服務生
մենյու
菜譜
աթոռ
椅子
ապուր
湯
պիցցա
披薩餅
սփռոց
桌布
սպասք

ստարտեր
前菜

հիմնական կերակուր
主菜

դեսերտ
甜點

օրական
飲料

սնունդ
食物

շիշ
瓶子

արագ սնունդ

速食

streetfood

街邊小吃

թեյնիկ

茶壺

շաքարաման

糖盒

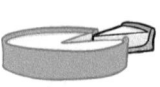

բաժին

一份飯菜

էսպրեսսո մեքենա

義式咖啡機

մանկական աթոռ

高腳椅

օրինագիծ

帳單

սկուտեղ

托盤

դանակ

刀

պատառաքաղ

餐叉

գդալ

勺子

թեյի գդալ

茶匙

անձեռոցիկ

餐巾

ապակի

玻璃杯

ափսե

碟子

խոր ափսե

湯盤

պնակ

碟子

սոուս

醬

աղաման

鹽瓶

պղպեղի աղաց

胡椒研磨罐

քացախ

醋

ձեթ

食用油

համեմունքներ

調味料

կետչուպ

番茄醬

մանանեխ

芥末

մայոնեզ

美乃滋

սուպերմարկետ

超市

հատուկ առաջարկ
特價
FOR
հաճախորդ
顧客
Dairy
乳製品
միրգ
水果
գնումների սայլակ
購物車

մսամթերքի խանութ

肉鋪

հացամթերքի խանութ

麵包店

կշռել

稱重

բանջարեղեն

蔬菜

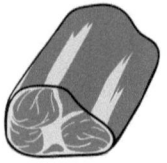

միս

肉

սառեցված սննդամթերքի

冷凍食品

Երշիկեղեն

冷盤

պահածոների

罐頭食品

լվացքի փոշի

洗衣粉

քաղցրավենիք

甜食

տնտեսական ապրանքներ

日用品

մաքրող միջոցներ

清潔用品

վաճառող

銷售員

դրամարկղ

收銀機

գանձապահ

收銀員

գնումների ցուցակ

購物清單

Ժամերը

開放時間

դրամապանակ

錢包

ԿՐԵԴԻՏ քարտ

信用卡

պայուսակ

袋子

պլաստիկ տոպրակ

塑膠袋

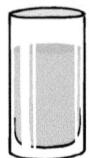

օրական

飲料

ջուր

水

հյութ

果汁

կաթ

牛奶

կոլա

可樂

գինի

紅酒

գարեջուր

啤酒

սպիրտ

酒

կակաո

可可

թեյ

茶

սուրճ

咖啡

էսպրեսսո

義式濃縮咖啡

կապուչինո

卡布奇諾

բանան

香蕉

խնձոր

蘋果

նարնջի

柳丁

սեխ

西瓜

կիտրոն

檸檬

գազար

胡蘿蔔

սխտոր

大蒜

բամբուկ

竹子

սոխ

洋蔥

սունկ

蘑菇

ընկուզեղեն

堅果

արիշտա

麵條

սպագետտի

義大利麵

բրինձ

米飯

աղցան

沙拉

չիպս

薯條

տապակած կարտոֆիլ

炸馬鈴薯

պիցցա

披薩餅

համբուրգեր

漢堡

սենդվիչ

三明治

կոտլետ

炸豬排

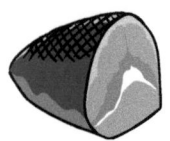

խոզապուխտ

火腿

սալյամի

義大利臘腸

երշիկ

香腸

հավ

雞肉

խորոված

烤肉

ձուկ

魚

վարսակի փաթիլներ

燕麥片

մյուսլի

木斯里

եգիպտացորենի փաթիլներ

玉米片

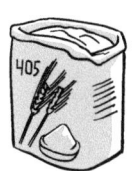

ալյուր

麵粉

կրուասան

牛角麵包

բուլկի

麵包捲

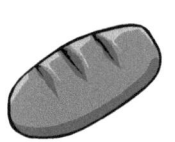

հաց

麵包

տոստ

吐司

թխվածքաբլիթներ

餅乾

կարագ

奶油

կաթնաշոռ

凝乳

տորթ

蛋糕

ձու

蛋

տապակած ձու

煎蛋

պանիր

起司

պաղպաղակ

冰淇淋

շաքար

糖

մեղր

蜂蜜

ջեմ

果醬

Նուգա սերուցք

巧克力醬

կարրի

咖哩

ֆերմա
農場

գոմ
糧倉
ծղոտի դեզ
稻草捆
դաշտ
田野
ձի
馬
կցասայլ
拖車
տրակտոր
拖拉機
քուռակ
馬駒
ավանակ
驢
ոչխար
羊
գառ
羔羊

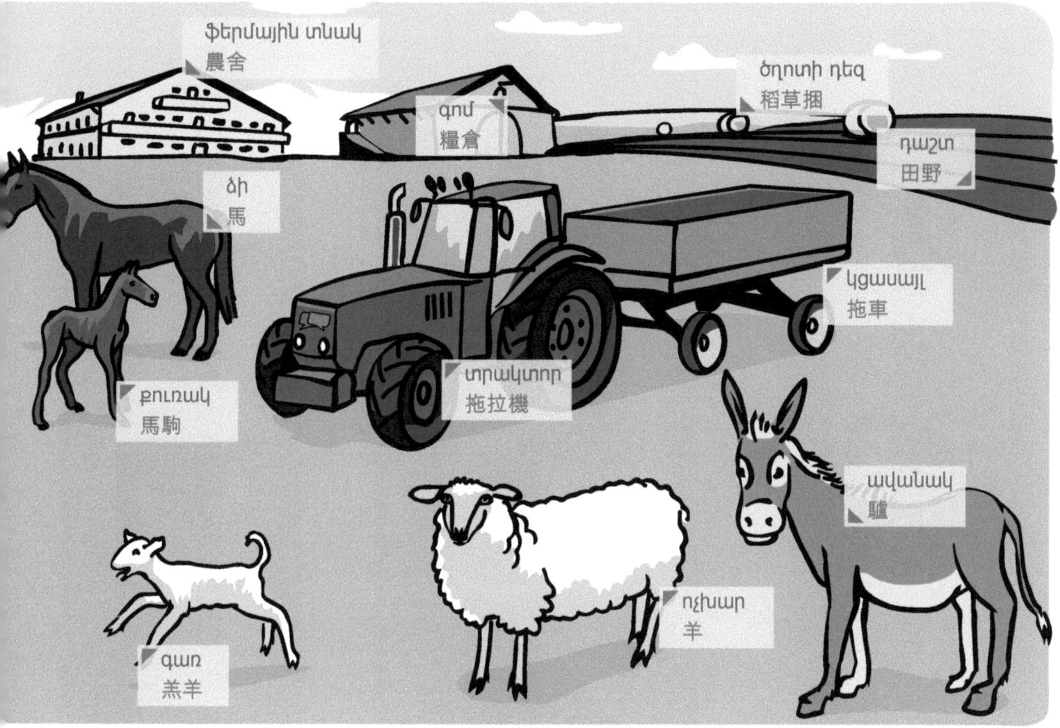

այծ
山羊

կով
奶牛

հորթ
小牛

խոզ
豬

խոճկոր
小豬

ցուլ
公牛

սագ
鵝

բադ
鴨

ճուտ
小雞

հավ
母雞

աքլոր
公雞

առնետ
鼠

կատու
貓

մուկ
老鼠

ցուլ
牛

շուն
狗

շան բուն
狗屋

այգու փողրակ
花園澆水軟管

watering կարող է
澆水壺

գերանդի
長柄大鐮刀

գութան
犁

մանգաղ

鐮刀

թոխր

鋤頭

եղան

長柄草耙

կացին

斧頭

միանիվ ձեռնասայլակ

獨輪手推車

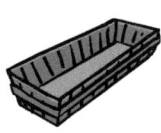

կերակրատաշտ

飼料槽

կաթի բիդոն

牛奶罐

պարկ

麻布袋

ցանկապատ

柵欄

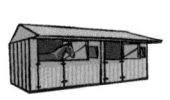

կայուն

馬廄

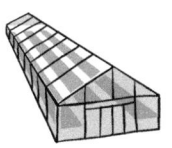

ջերմոց

溫室

հող

土壤

սերմ

種子

պարարտանյութ

肥料

բերքահավաք կոմբայն

聯合收割機

բերք

收割

բերք

收割

յամս

地瓜

ցորեն

小麥

սոյա

大豆

կարտոֆիլ

土豆

եգիպտացորեն

玉米

rapeseed

油菜籽

մրգային ծառ

果樹

manioc

樹薯

շիլաներ

穀物

տուն

房子

ծխնելույզ
煙囪
տանիք
屋頂
ջրհորդան խողովակ
落水管
պատուհան
窗戶
ավտոտնակ
車庫
դռան զանգ
門鈴
դուռ
門
աղբարկղ
垃圾桶
փոստարկղ
信箱
պարտեզ
花園

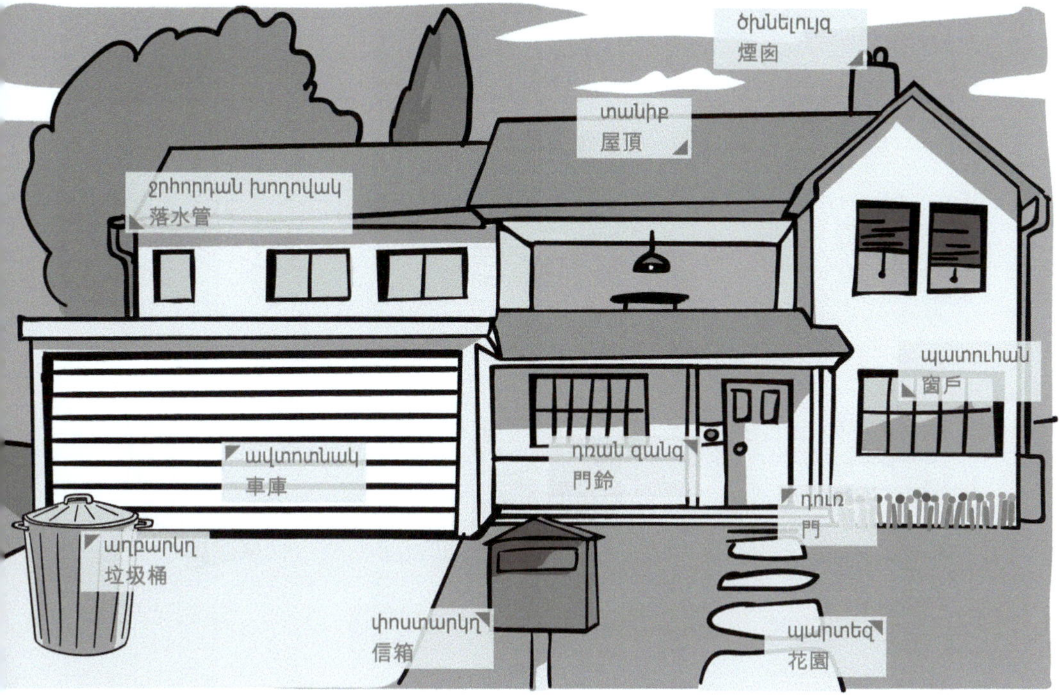

հյուրասենյակ

客廳

լոգասենյակ

浴室

խոհանոց

廚房

ննջարան

臥室

մանկական սենյակ

兒童房

ճաշասենյակ

餐廳

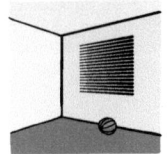

հարկ

地板

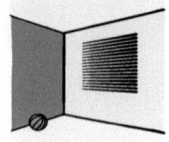

պատ

牆壁

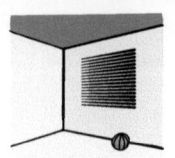

առաստաղ

天花板

նկուղ

地窖

շոգեբաղնիք

三溫暖

պատշգամբ

陽臺

պատշգամբ

露臺

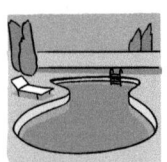

ավազան

游泳池

խոտհնձիչ

割草機

թերթ

被單

անկողնու ծածկոց

床罩

մահճակալ

床

ավել

掃帚

դույլ

水桶

անջատիչ

開關

պաստառ
壁紙
նկար
相片
լամպ
դարակ
擱架
բուֆետ
櫥櫃
հեռուստացույց
電視
բուխարի
壁爐
ծաղիկ
花
բարձ
墊子
բազմոց
沙發
սկահակ
花瓶
հեռակառավարման
վահանակ
遙控器

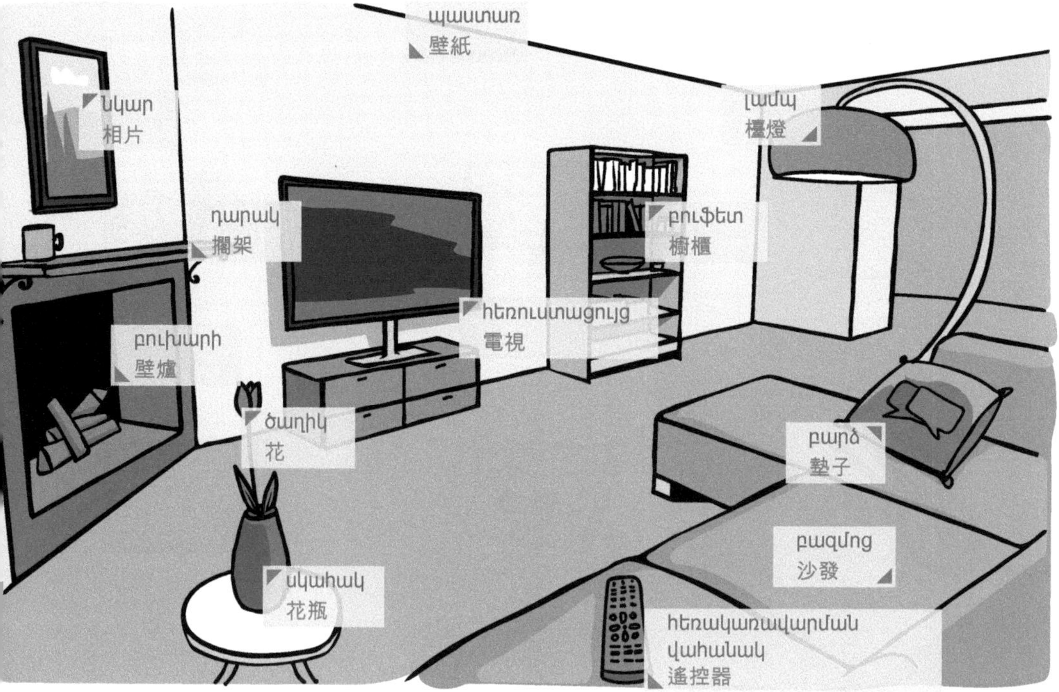

գորգ

地毯

վարագույր

窗簾

սեղան

餐桌

աթոռ

椅子

ճոճվող բազկաթոռ

搖椅

բազկաթոռ

扶手椅

գիրք

書

վերմակ

毯子

զարդարանք

裝飾品

վառելափայտ

木柴

Ֆիլմ

電影

hi-fi

高傳真音響

բանալի

鑰匙

թերթ

報紙

նկար

油畫

պլակատ

海報

ռադիո

收音機

տետր

筆記本

փոշեկուլ

吸塵器

կակտուս

仙人掌

մոմ

蠟燭

խոհանոց
廚房

սառնարանի
冰箱
միկրոալիքային վառարան
微波爐
խոհանոցի կշեռք
տոստեր
烤麵包機
լվացող հեղուկ
洗潔精
վառարան
烤箱
սառնարան
冰櫃
աղբարկղ
垃圾桶
աման լվացող սարք
洗碗機

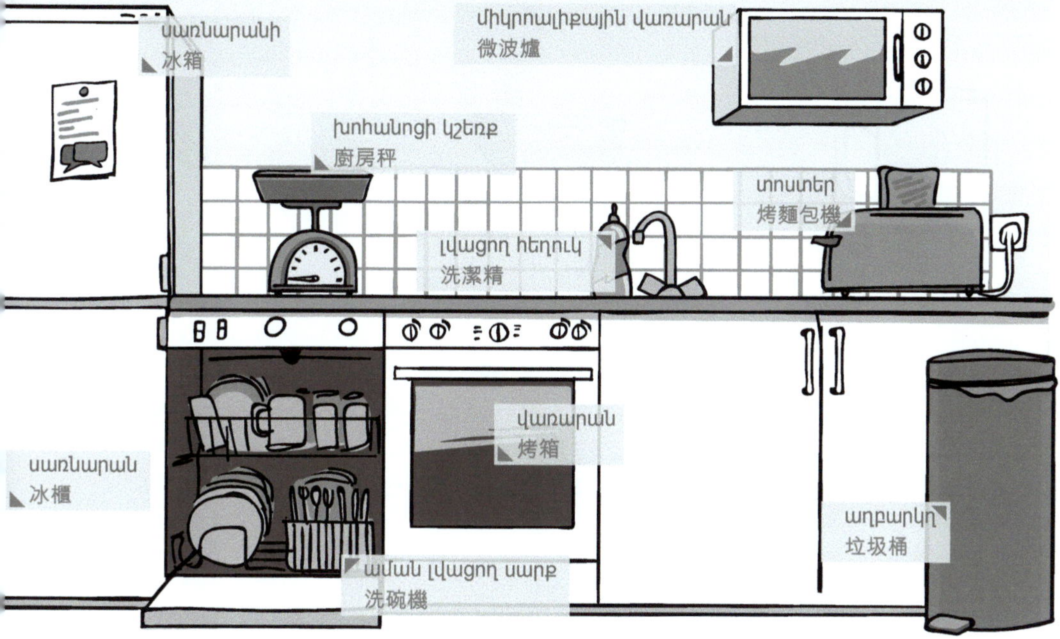

կաթսա

炊具

կճուճ

鍋

թուջե աման

鑄鐵鍋

wok / kadai

炒鍋

թավա

平底鍋

թեյնիկ

水壺

խոհանոց - 廚房 35

շոգենավ

蒸鍋

ջեռոցի սկուտեղ

烤盤

ամանեղեն

陶瓷鍋

բաժակ

馬克杯

խորը աման

碗

փայտիկներ

筷子

շերեփ

長柄勺

խոհանոցային բահիկ

鏟子

հարել

攪拌器

քամիչ

濾網

մաղ

篩子

քերիչ

磨碎機

հավանգ

研缽

խորոված

燒烤

բաց կրակի

明火

տախտակ

菜板

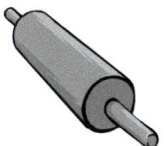

գրտնակ

擀麵杖

խցանահան

開瓶器

բանկա

罐子

բացիչ

開罐器

խոհանոցային բռնիչ

隔熱手套

լվացարան

水槽

խոզանակ

刷子

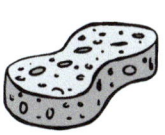

սպունգ

海綿

բլենդեր

攪拌機

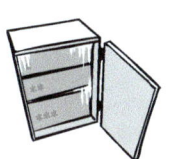

սառնարան

冷藏箱

մանկական շիշ

奶瓶

թակել

水龍頭

լողասենյակ
浴室

ջեռուցում
供暖裝置
սրբիչ
毛巾
լոգարանի վարագույր
浴簾
փրփուրով վաննա
泡沫浴
լոգարան
浴缸
ապակի
玻璃杯
լվացքի մեքենա
洗衣機
թակել
水龍頭
սալիկներ
瓷磚
մանր
便壺
լվացարան
水槽

զուգարան
廁所

կզելը զուգարան
蹲便器

բիդե
坐浴器

pissoir
小便斗

զուգարանի թուղթ
廁紙

զուգարանի խոզանակ
馬桶刷

ատամի խոզանակ

牙刷

ատամի քսուք

牙膏

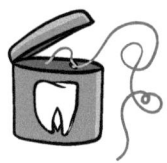

ատամի թել

牙線

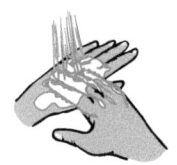

լվանալ

洗

ձեռքի ցնցուղ

手持式蓮蓬頭

ցնցուղ

沖洗器

ավազան

洗臉盆

մեջքի խոզանակ

洗背刷

օճառ

肥皂

լոգանքի գել

沐浴露

շամպուն

洗髮乳

ճիլոպ

法蘭絨

հատականցք

排水

կրեմ

乳霜

դեզոդորանտ

除臭劑

հայելի

鏡子

ձեռքի հայելի

手鏡

սափրիչ

刮鬍刀

Սափրվելու փրփուր

刮鬍泡沫

սափրվելուց հետո քսվող լոսյոն

鬚後水

սանր

梳子

խոզանակ

刷子

մազերի չորացուցիչ

吹風機

մազի լաք

噴髮定型劑

դիմահարդարում

化妝品

շրթնաներկ

唇膏

եղունգների լաք

指甲油

բամբակ

化妝棉

եղունգների մկրատ

指甲剪

օծանելիք

香水

դիմահարդարման պայուսակ
洗漱包

աթոռակ
凳子

կշեռք
計重秤

լողանալու խալաթ
浴袍

ռետինե ձեռնոցներ
橡膠手套

տամպոն
衛生棉條

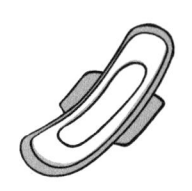

սանիտարական սրբիչ
衛生棉

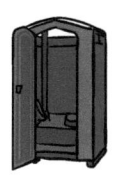

քիմիական զուգարան
化學廁所

մանկական սենյակ

兒童房

զարթուցիչ ժամացույց
鬧鐘
փափուկ խաղալիք
毛絨玩具
խաղալիք մեքենա
玩具車
撥浪鼓
տիկնիկների տնակ
玩具屋
ներկա
禮物

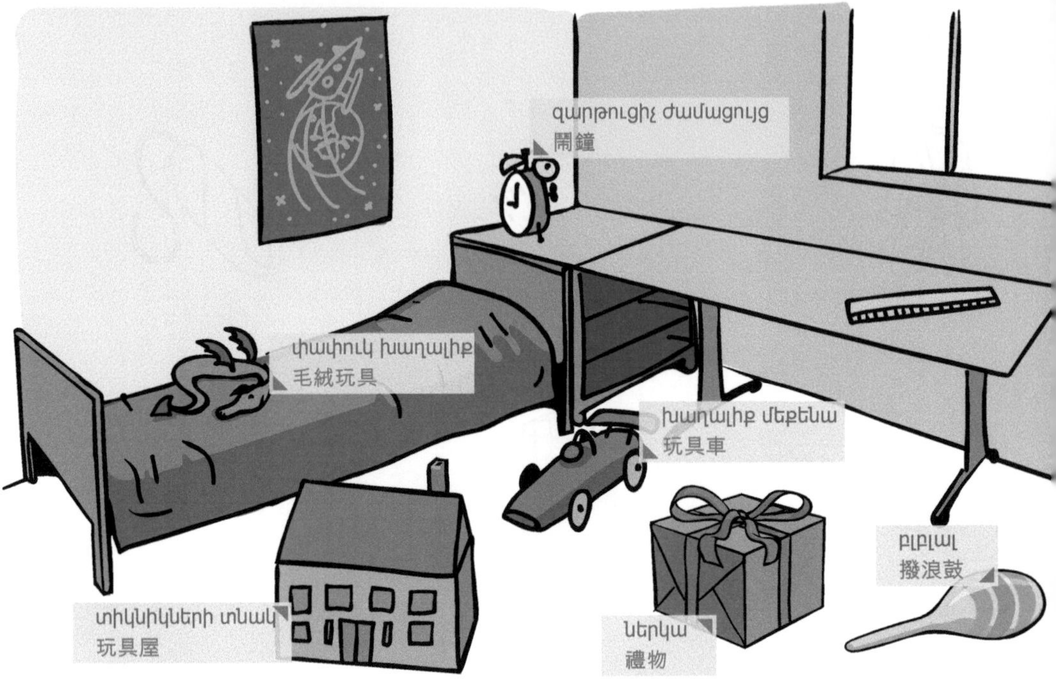

փուչիկ

氣球

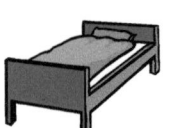

մահճակալ

床

մանկական սայլակ

嬰兒車

խաղաթղթեր

撲克牌

խճապատկեր

拼圖

կոմիքս

漫畫

Լեգո կուբիկներ

樂高積木

կառուցողական խաղալիքներ

積木玩具

ակցիան գործիչ

公仔

մանկական բոդի

嬰兒服

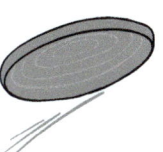

Frisbee

飛盤

շարժական

床鈴玩具

խաղատախտակ

棋盤遊戲

զառախաղ

骰子

գնացքների կազմ

火車模型

ծծակ

安撫奶嘴

կուսակցություն

派對

մանկական պատկերազարդ գիրք

繪本

գնդակ

球

տիկնիկ

洋娃娃

խաղալ

玩

ավազե խաղահրապարակի

沙坑

ռիթմ

鞦韆

Խաղալիքներ

玩具

վիդեո խաղ մխիթարել

電玩遊戲

եռանիվ հեծանիվ

三輪車

խաղալիք արջուկ

泰迪熊

պահարան

衣櫃

հագուստ

衣服

կիսագուլպա

襪子

գուլպա

長襪

զուգագուլպա

緊身褲

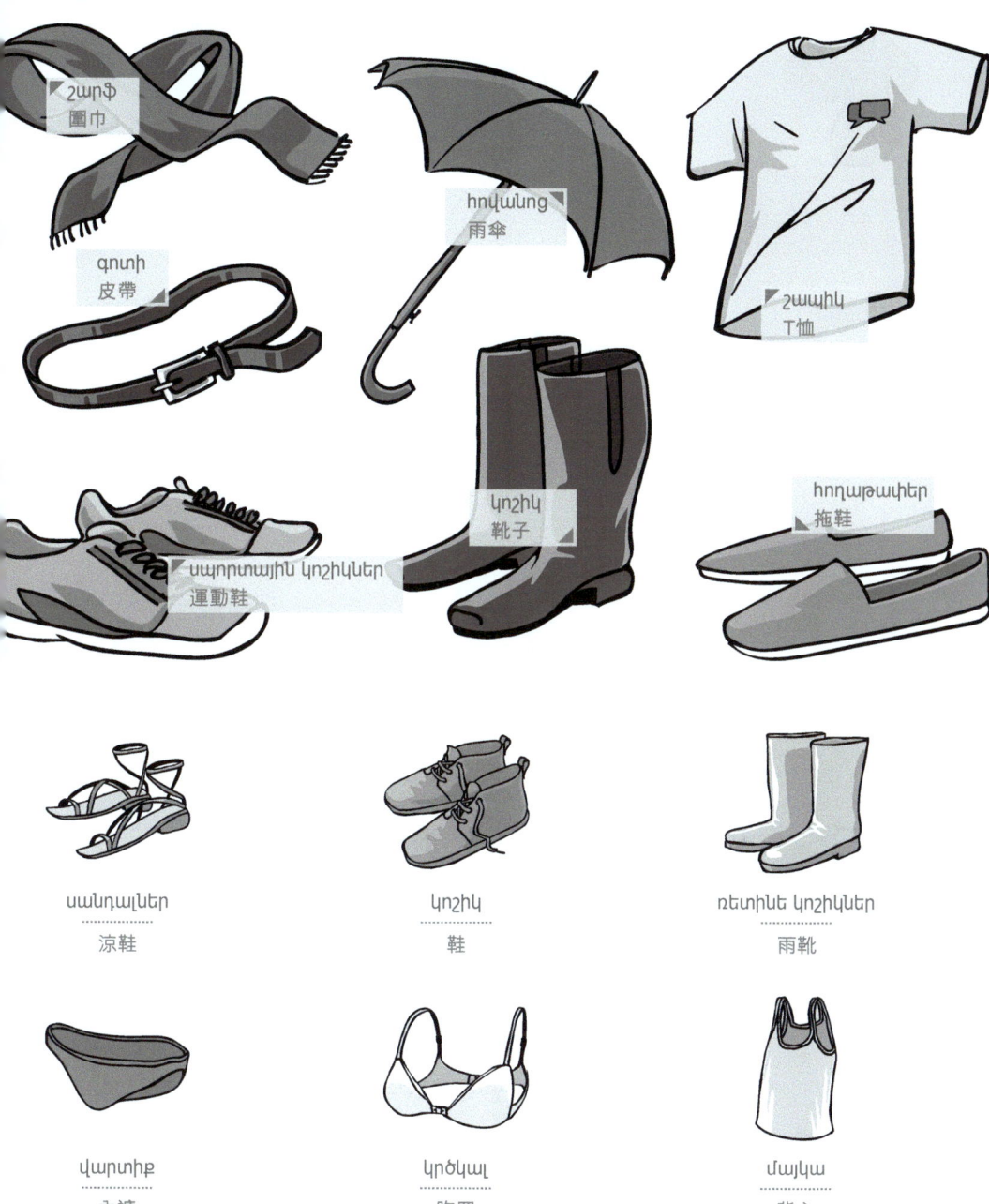

շարֆ
圍巾

հովանոց
雨傘

շապիկ
T恤

գոտի
皮帶

սպորտային կոշիկներ
運動鞋

կոշիկ
靴子

հողաթափեր
拖鞋

սանդալներ

涼鞋

կոշիկ

鞋

ռետինե կոշիկներ

雨靴

վարտիք

內褲

կրծկալ

胸罩

մայկա

背心

մարմին

身體

անդրավարտիք

褲子

ջինս

牛仔褲

կիսաշրջազգեստ

短裙

բլուզ

女式襯衫

վերնաշապիկ

襯衫

պուլովեր

套頭衫

սպորտային կուրտկա

連帽上衣

պիջակ

西裝夾克

կուրտկա

夾克

վերարկու

外套

անձրևանոց

雨衣

կանացի կոստյում

套裝

զգեստ

連衣裙

հարսանյաց զգեստ

婚紗

հագուստ - 衣服

տղամարդու կոստյում

西裝

գիշերանոց

睡袍

պիժամա

睡衣

Սարի

莎麗

գլխաշորն

頭巾

չալմա

包頭巾

չադրա

波卡

արևելյան խալաթ

卡夫坦

հաստ վերարկու

(阿拉伯式)長袍

կանացի լողազգեստ

泳衣

տղամարդու լողազգեստ

男式泳褲

շորտ

短褲

սպորտային համազգեստ

運動服

գոգնոց

圍裙

ձեռնոցներ

手套

կոճակ

鈕扣

ակնոց

眼鏡

ապարանջան

手鏈

վզնոց

項鍊

մատանի

戒指

ականջօղ

耳環

գլխարկ

便帽

կախիչ

衣架

գլխարկ

帽子

փողկապ

領帶

շղթա

拉鍊

սաղավարտ

安全帽

տաբատակալ

背帶

դպրոցական համազգեստ

校服

համազգեստ

制服

մանկական գոգնոց

圍兜

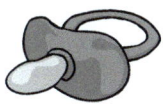

ծծակ

安撫奶嘴

մանկական տակդիր

尿布

գրասենյակ
辦公室

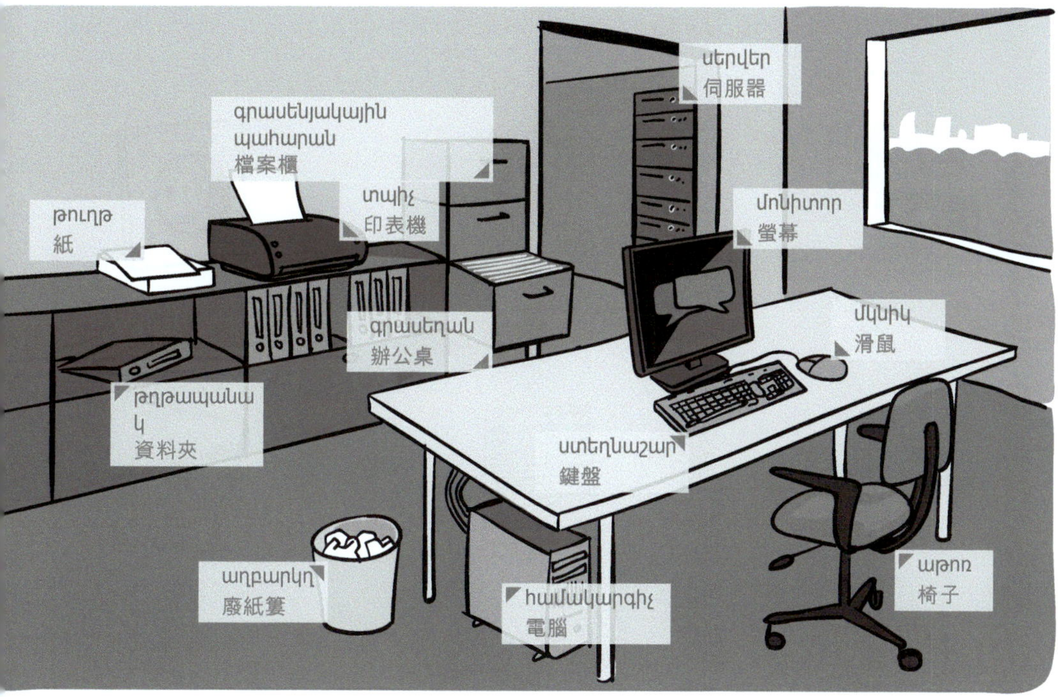

սերվեր
伺服器

գրասենյակային
պահարան
檔案櫃

տպիչ
印表機

մոնիտոր
螢幕

թուղթ
紙

գրասեղան
辦公桌

մկնիկ
滑鼠

թղթապանա
կ
資料夾

ստեղնաշար
鍵盤

աղբարկղ
廢紙簍

համակարգիչ
電腦

աթոռ
椅子

սուրճի գավաթ

咖啡杯

հաշվիչ

計算機

ինտերնետ

網際網路

laptop

筆記型電腦

նամակ

信件

հաղորդագրություն

簡訊

բջջային հեռախոս

行動電話

ցանց

網路

պատճենահանման սարք

影印機

ծրագրային ապահովում

軟體

հեռախոս

電話

վարդակ

插座

ֆաքսի մեքենա

傳真機

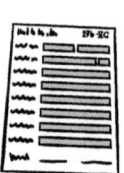

տեսակ

表格

փաստաթուղթ

檔案

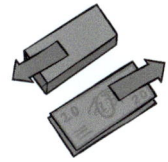

գնել

買

վճարել

付錢

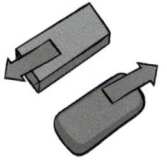

առեւտրի

交易

փող

現金

դոլար

美元

եվրո

歐元

իեն

日元

ռուբլի

盧布

շվեյցարական ֆրանկ

瑞士法郎

յուան

人民幣

ռուպի

盧比

բանկոմատ

提款處

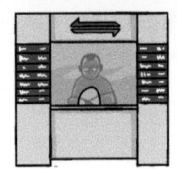

փոխանակման կետ

外幣兌換處

ոսկի

金

արծաթ

銀

նավթ

石油

Էներգիա

能源

գին

價格

պայմանագիր

合約

հարկ

稅金

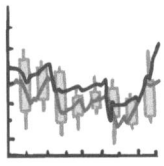

ակցիաներ

股票

աշխատանք

工作

ծառայող

職員

գործատուն

老闆

գործարան

工廠

խանութ

商店

մասնագիտություն
職業

ոստիկան
警官
հրշեջ
消防員
խոհարար
廚師
բժիշկ
醫師
օդաչու
飛行員

այգեպան
園丁

ատաղձագործ
木匠

դերձակուհի
裁縫

դատավոր
法官

քիմիկոս
化學家

դերասան
演員

ավտոբուսի վարորդ

公車司機

տաքսու վարորդ

計程車司機

ձկնորս

漁夫

հավաքարար

清洗女工

տանիքագործ

屋頂工

մատուցող

服務生

որսորդ

獵人

նկարիչ

畫家

հացթուխ

麵包師

էլեկտրատեխնիկ

電工

շինարար

建築工人

ինժեներ

工程師

մսագործ

屠夫

ջրմուղագործ

水管工

փոստատար

郵差

զինվոր

士兵

ճարտարապետ

建築師

գանձապահ

收銀員

ծաղկավաճառ

花農

վարսավիր

理髮師

տոմսավաճառ

售票員

մեխանիկ

機械技師

կապիտան

船長

ատամնաբույժ

牙醫

գիտնական

科學家

ռաբբի

拉比

Իմամ

伊瑪目

կուսակրոն

和尚

հոգևորական

牧師

գործիքներ

工具

մուրճ
鐵錘
տափակաբերան աքցան
鉗子
պտուտակահա
ն
螺絲起子
դարձակ
扳手
լապտեր
手電筒

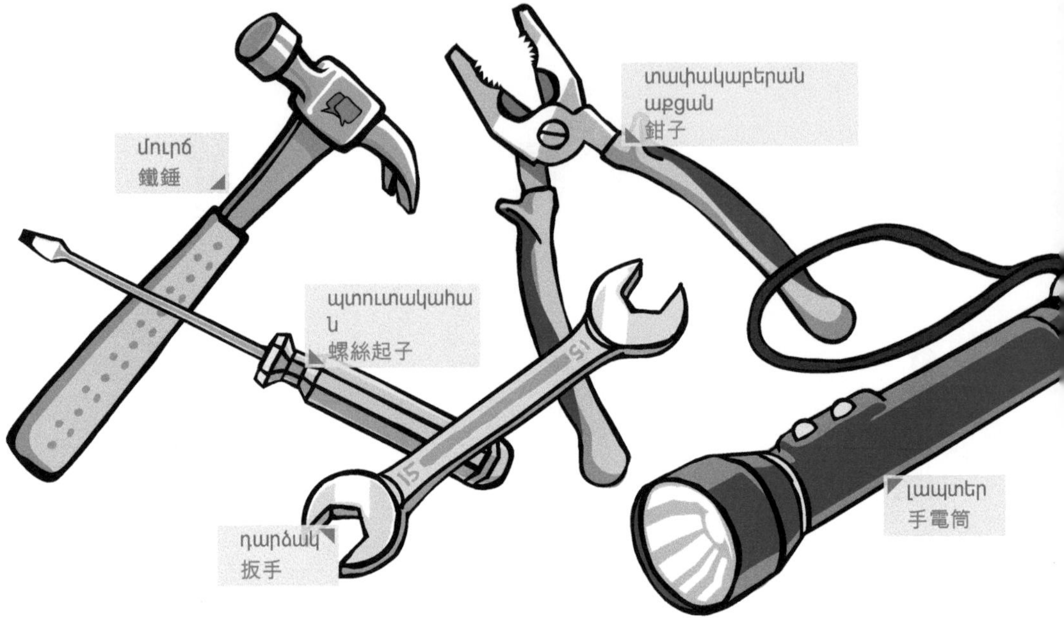

էքսկավատոր

挖掘機

գործիքների տուփ

工具箱

սանդուղք

梯子

սղոց

鋸子

մեխեր

釘子

գայլիկոն

鑽機

նորոգում

修

բահ

鏟子

գրողը տանի

糟糕！

գոգաթիակ

畚箕

ներկաման

油漆桶

պտուտակներ

螺絲

Երաժշտական գործիքներ

樂器

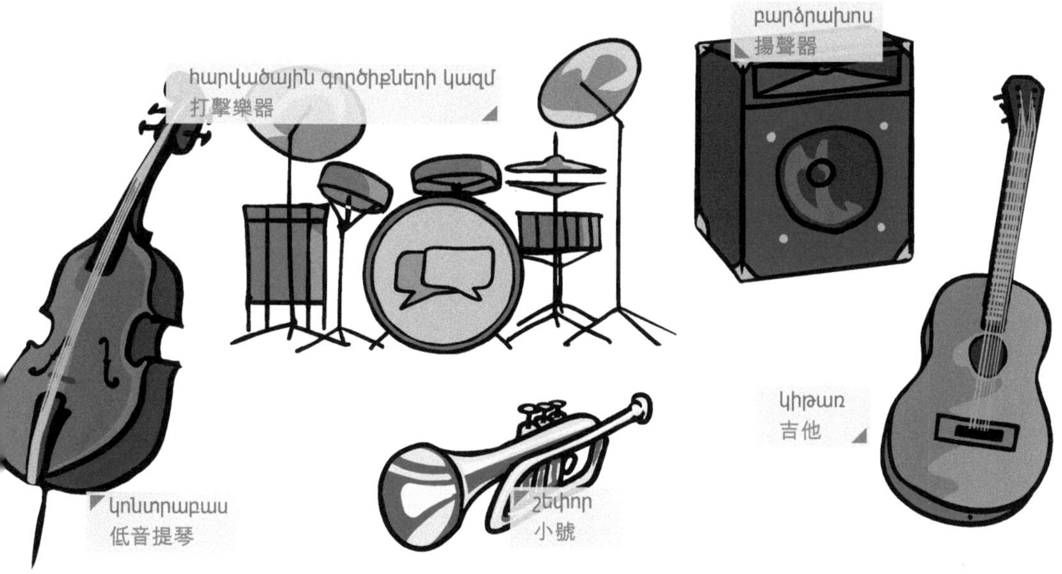

հարվածային գործիքների կազմ
打擊樂器

բարձրախոս
揚聲器

կոնտրաբաս
低音提琴

շեփոր
小號

կիթառ
吉他

դաշնամուր

鋼琴

ջութակ

小提琴

բաս

貝斯

թմբուկներ

定音鼓

հարվածային գործիքներ

鼓

ստեղնաշար

電子琴

սաքսոֆոն

薩克斯風

ֆլեյտա

長笛

միկրոֆոն

麥克風

կենդանաբանական այգի

動物園

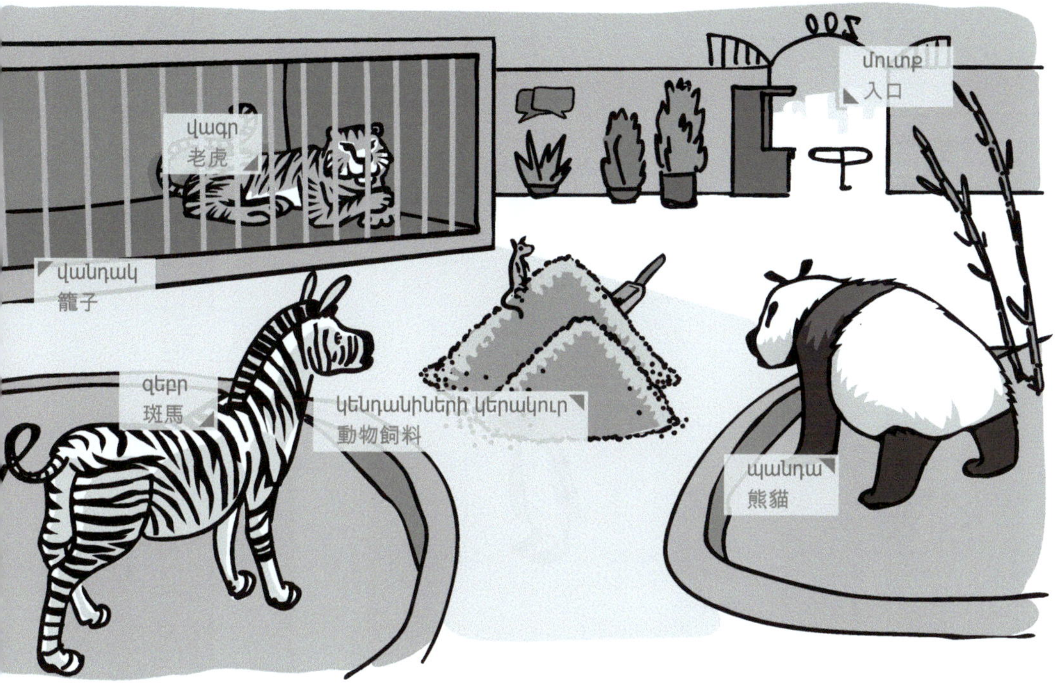

վագր
老虎
մուտք
入口
վանդակ
籠子
զեբր
斑馬
կենդանիների կերակուր
動物飼料
պանդա
熊貓

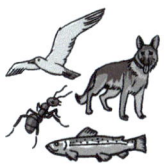

կենդանիներ

動物

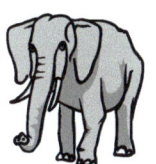

փիղ

大象

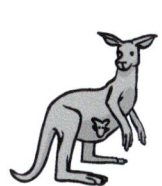

կենգուրու

袋鼠

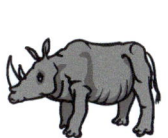

ռնգեղջյուր

犀牛

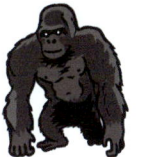

գորիլա

大猩猩

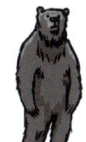

գորշ արջ

熊

ուղտ

駱駝

ջայլամ

鴕鳥

առյուծ

獅子

կապիկ

猴子

Ֆլամինգո

紅鶴

թութակ

鸚鵡

բևեռային արջ

北極熊

պինգվին

企鵝

շնաձուկ

鯊魚

սիրամարգ

孔雀

օձ

蛇

կոկորդիլոս

鱷魚

կենդանաբանական այգու
աշխատող

動物園管理員

փոկ

海豹

յագուար

美洲豹

պոնի

矮種馬

ընձառյուծ

豹

գետաձի

河馬

ընձուղտ

長頸鹿

արծիվ

老鷹

վարազ

野豬

ձուկ

魚

կրիա

龜

ծովացուլ

海象

աղվես

狐狸

վիթ

羚羊

սպորտներ
體育

ամերիկյան ֆուտբոլ
橄欖球
հեծանվավազք
騎腳踏車
թենիս
網球
բասկետբոլ
籃球
լող
游泳
բռնցքամարտ
拳擊
հոկեյ
冰球

ֆուտբոլ

美式足球

բադմինտոն

羽毛球

աթլետիկա

田徑

ձեռքի գնդակ

手球

դահուկային սպորտ

滑雪

պոլո

馬球

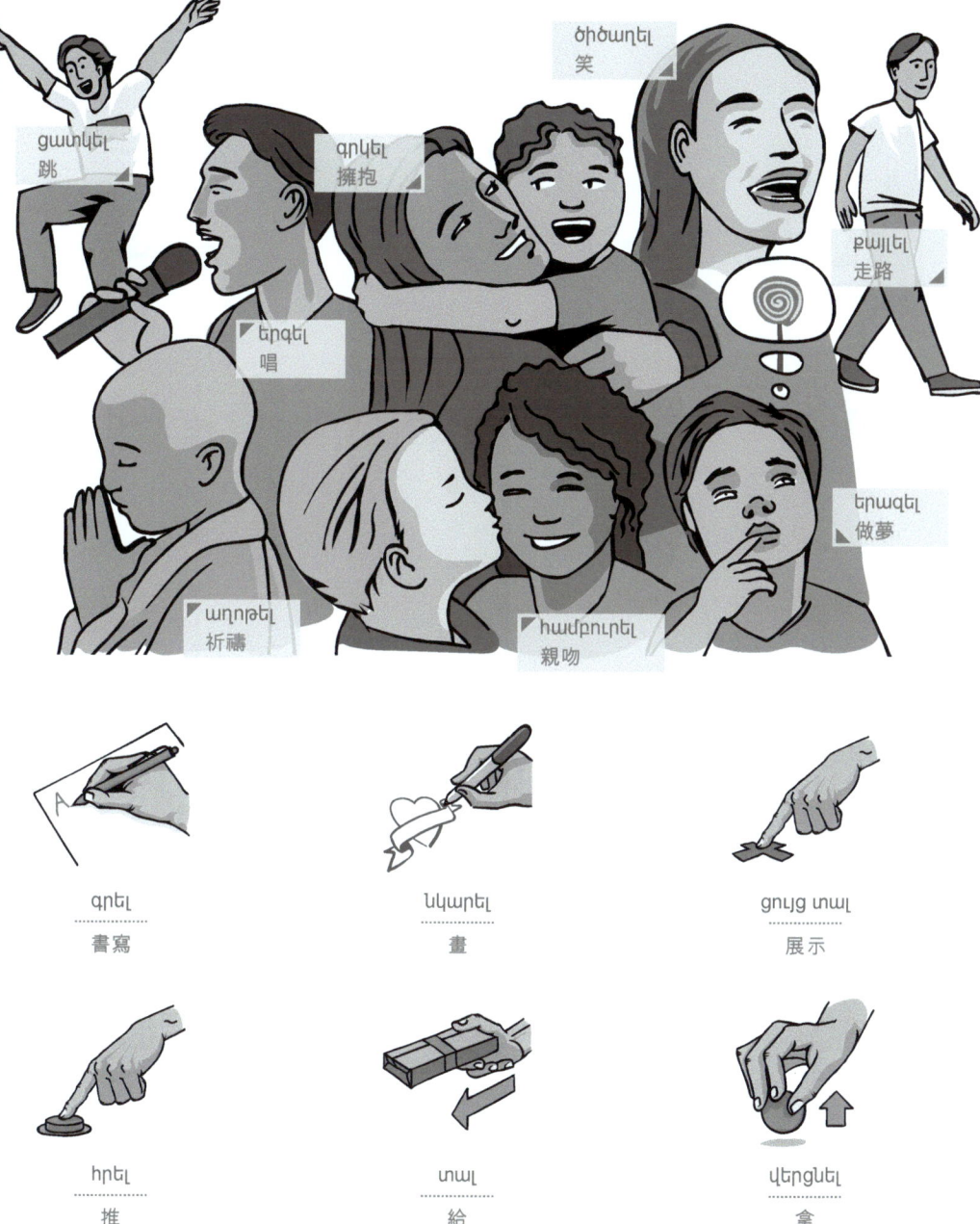

ցատկել
跳
ծիծաղել
笑
գրկել
擁抱
երգել
唱
քայլել
走路
երազել
做夢
աղոթել
祈禱
համբուրել
親吻

գրել

書寫

նկարել

畫

ցույց տալ

展示

հրել

推

տալ

給

վերցնել

拿

ունենալ

有

դեպի

做

լինել

當

կանգնել

站

վազել

跑

քաշել

拉

նետել

丟

ընկնել

摔倒

ստել

躺

սպասել

等待

կրել

攜帶

նստել

坐

հագնվել

穿衣

քնել

睡覺

արթնանալ

醒來

նայել

看

լացել

哭

շոյել

撃

սանրվել

梳頭

խոսել

交談

հասկանալ

明白

հարցնել

問

լսել

聽

խմել

喝

ուտել

吃

հարդարվել

清理

սիրել

愛

խոհարար

做飯

քշել

開車

թռչել

飛

լողալ

航行

հաշվել

計算

կարդալ

讀

սովորել

學習

աշխատանք

工作

ամուսնանալ

結婚

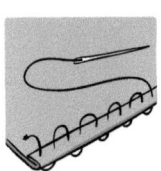

կարել

縫

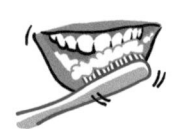

ատամները լվանալ

刷牙

սպանել

殺

ծուխ

抽菸

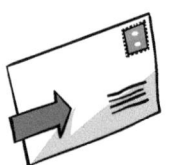

ուղարկել

寄

տատիկ
祖母
պապիկ
祖父
հայր
父親
Մայր
母親
երեխա
嬰兒
դուստր
女兒
որդի
兒子

հյուր

客人

հորաքույր

阿姨

հորեղբայր

叔叔

եղբայր

兄弟

քույր

姐妹

մարմին

身體

ճակատ
前額
աչք
眼睛
ուս
肩膀
մատ
手指
դեմք
臉
կզակ
下巴
ձեռք
手
腿
կուրծք
乳房
թև
手臂

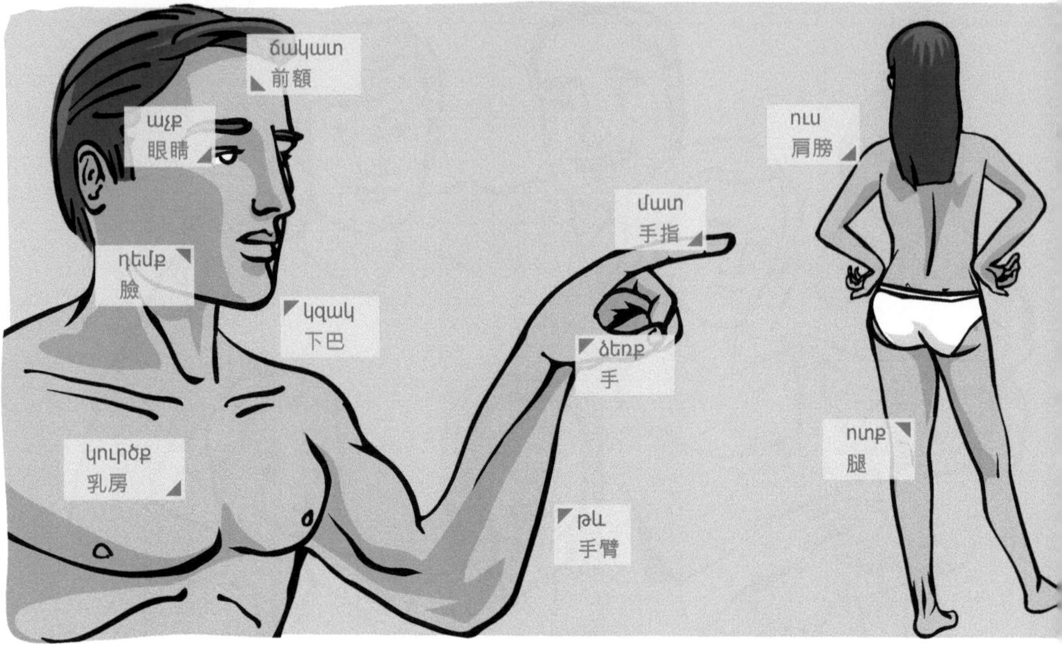

երեխա

嬰兒

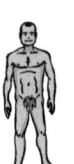

մարդ

男人

կին

女人

աղջիկ

女孩

տղա

男孩

գլուխ

頭

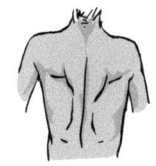

մեջք

背部

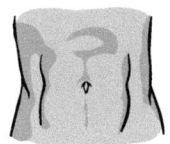

փոր

肚子

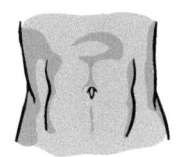

պորտ

肚臍

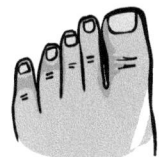

ոտնամատ

腳趾

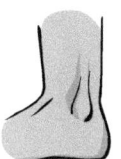

կրունկ

腳後跟

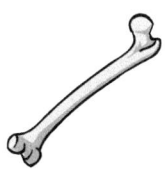

ոսկոր

骨頭

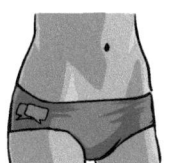

ազդր

臀部

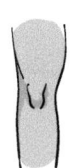

ծունկ

膝蓋

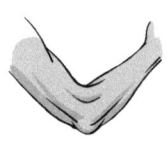

արմունկ

手肘

քիթ

鼻子

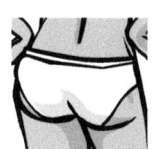

հետույք

屁股

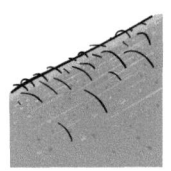

մաշկ

皮膚

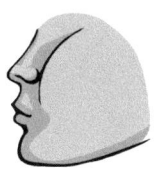

այտ

臉頰

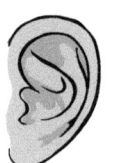

ականջ

耳朵

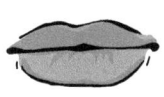

շրթունք

嘴唇

բերան

嘴

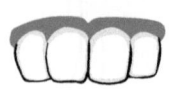

ատամ

牙齒

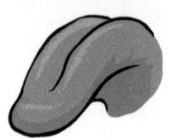

լեզու

舌頭

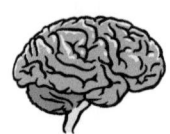

ուղեղ

腦

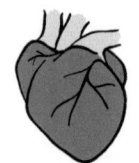

սիրտ

心臟

մկան

肌肉

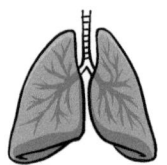

թոք

肺

լյարդ

肝臟

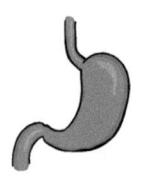

ստամոքս

胃

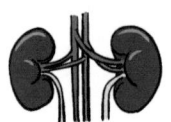

երիկամներ

腎臟

սեքս

性交

պահպանակներ

保險套

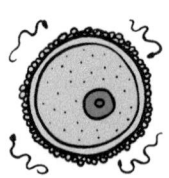

ձվաբջիջը

卵子

Սեմյոն

精子

հղիություն

懷孕

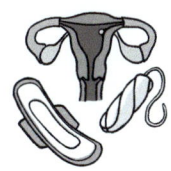

դաշտան

月事

հեշտոց

陰道

առնանդամ

陰莖

հոնք

眉毛

մազ

頭髮

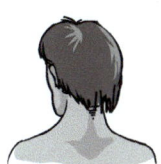

պարանոց

脖子

հիվանդանոց
醫院

շտապ օգնության մեքենա
急救車
սայլակ
輪椅
կոտրվածք
骨折

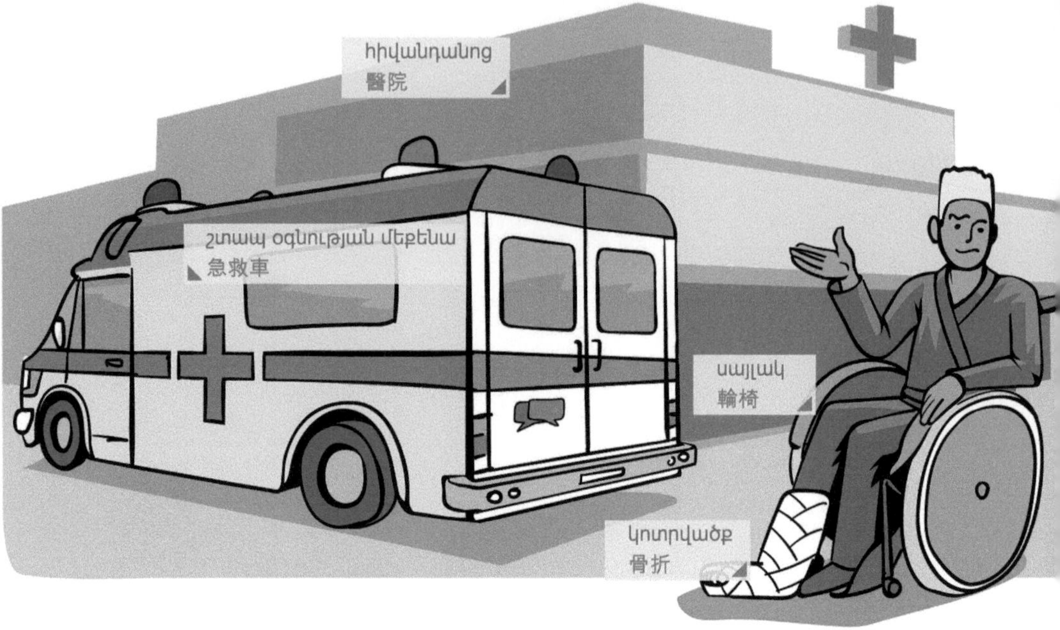

բժիշկ
醫師

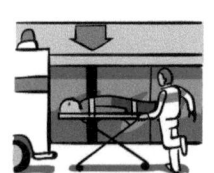

շտապ օգնության սենյակ
急診室

բուժքույր
護理師

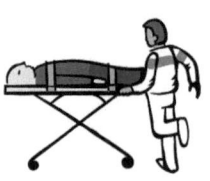

շտապ օգնություն
緊急情形

անգիտակից
昏迷

ցավ
痛

վնասվածք

受傷

արյունահոսություն

出血

սրտի կաթված

心臟病發作

կաթված

中風

ալերգիա

過敏

հազ

咳嗽

տենդ

發燒

գրիպ

流感

փորլուծություն

腹瀉

գլխացավ

頭痛

քաղցկեղ

癌症

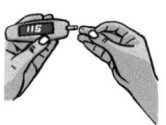

դիաբետ

糖尿病

վիրաբույժ

外科醫師

վիրադանակ

手術刀

վիրահատություն

手術

CT

電腦斷層掃描

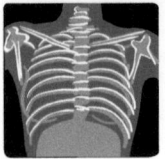

ռենտգեն

X光

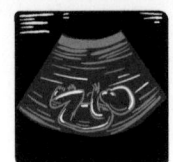

ուլտրաձայնային

超音波

դեմքի դիմակ

口罩

հիվանդություն

疾病

սպասասրահ

候診室

հենակ

拐杖

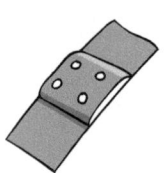

սպեղանի

石膏

վիրակապ

繃帶

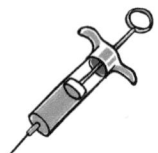

ներարկում

注射

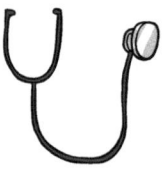

լսափողակ

聽診器

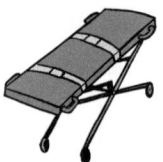

պատգարակ

擔架

ջերմաչափ

體溫計

ծնունդ

出生

ավելաքաշ

超重

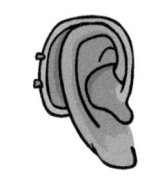

լսելով օգնության

助聽器

ախտահանիչ

消毒液

վարակ

感染

վիրուս

病毒

ՄԻԱՎ / ՁԻԱՀ

愛滋病

դեղորայք

藥物

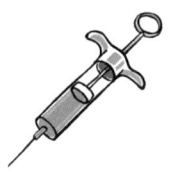

պատվաստում

接種疫苗

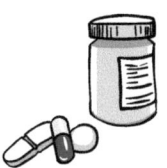

հաբեր

藥片

հաբ

藥丸

ահազանգ

急救電話

արյան ճնշման չափիչ սարք

血壓計

հիվանդ / առողջ

生病/健康

Շտապ օգնություն
緊急情形

Օգնություն!
救命！

տագնապի ազդանշան
警報

հարձակում
突擊

հարձակում
攻擊

վտանգ
危險

վթարային ելք
緊急出口

Հրդեհ
失火了！

կրակմարիչ
滅火器

վթար
意外

առաջին օգնության դեղարկղ
急救箱

SOS
呼救訊號

ոստիկանություն
員警

երկիր
地球

Եվրոպա
歐洲

Հյուսիսային Ամերիկա
北美洲

Հարավային Ամերիկա
南美洲

Աֆրիկա
非洲

Ասիա
亞洲

Ավստրալիա
澳洲

Ատլանտյան օվկիանոս
大西洋

Խաղաղ օվկիանոս
太平洋

Հնդկական օվկիանոս
印度洋

Հարավային Սառուցյալ օվկիանոս
南冰洋

Հյուսիսային Սառուցյալ օվկիանոս
北冰洋

հյուսիսային բևեռ
北極

հարավային բևեռ

南極

Անտարկտիդա

南極洲

երկիր

地球

ցամաք

陸地

ծով

海

կղզի

島

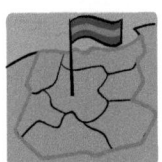

ազգ

國家

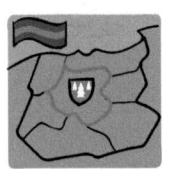

պետական

州

ժամացույց
鐘錶

թվատախտակ
鍊盤

ժամի սլաք
時針

րոպեի սլաք
分針

վայրկյանի սլաք
秒針

Ժամը քանիսն է?
現在幾點？

օր
天

այսպիսով
時間

այժմ
現在

թվային ժամացույց
電子錶

րոպե
分

ժամ
時

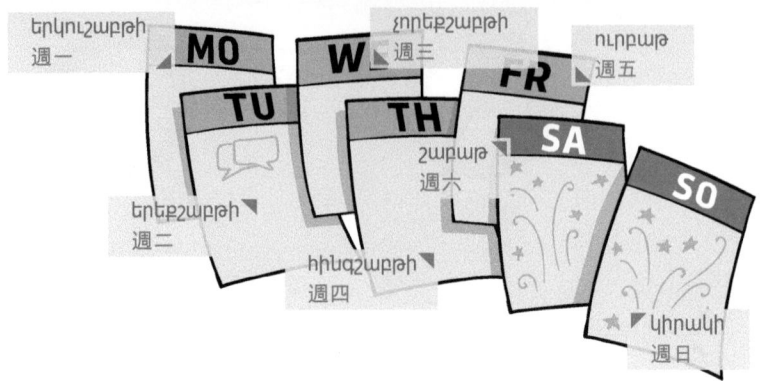

Շաբաթ

週

երկուշաբթի
週一
երեքշաբթի
週二
չորեքշաբթի
週三
հինգշաբթի
週四
ուրբաթ
週五
կիրակի
週日

այսօր
昨天

այսօր
今天

վաղը
明天

առավոտ
早晨

կեսօր
中午

երեկո
晚上

աշխատանքային օրեր
工作日

շաբաթվա վերջ
週末

80 շաբաթ - 週

անձրև
雨
ծիածան
彩虹
քամի
風
ձյուն
雪
գարուն
春
ամառ
夏
աշուն
秋
ձմեռ
冬

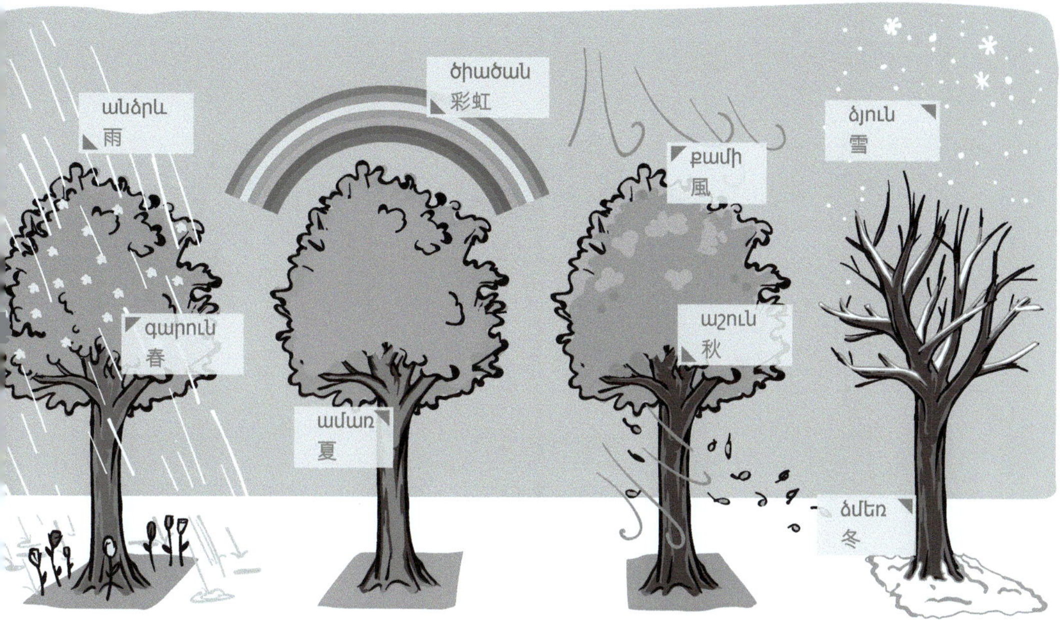

եղանակի տեսություն

天氣預告

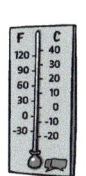

ջերմաչափ

溫度計

արևի լույս

陽光

ամպ

雲

մառախուղ

霧

խոնավություն

潮濕

կայծակ

閃電

որոտ

打雷

փոթորիկ

風暴

կարկուտ

冰雹

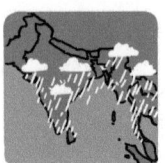

մուսոն

季風

ջրհեղեղ

洪水

սառույց

冰

հունվար

一月

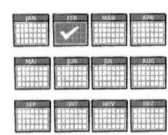

փետրվար

二月

մարտ

三月

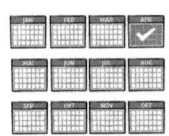

ապրիլ

四月

մայիս

五月

հունիս

六月

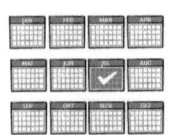

հուլիս

七月

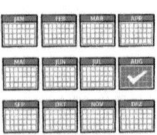

օգոստոս

八月

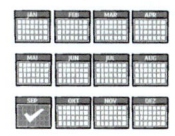

սեպտեմբեր

九月

հոկտեմբեր

十月

նոյեմբեր

十一月

դեկտեմբեր

十二月

ձեւավորում

形狀

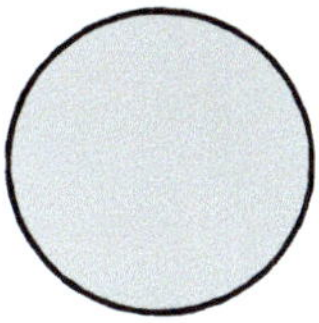

շրջան

圓形

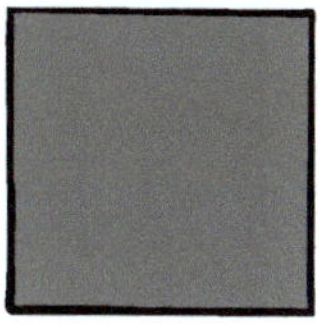

քառակուսի

正方形

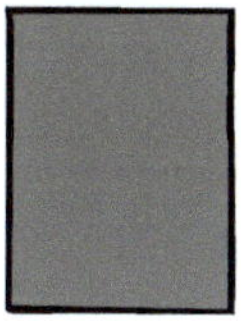

ուղղանկյունի

長方形

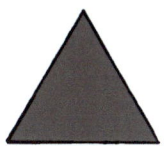

եռանկյունի

三角形

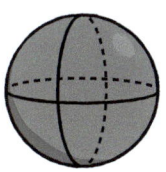

ասպարեզ

球體

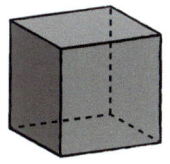

խորանարդ

立方體

գույներ

顏色

վարդագույն
....
白

մոխրագույն
....
黃

դեղին
....
橙

մանուշակագույն
....
粉

կարմիր
....
紅

շագանակագույն
....
紫

կապույտ
....
藍

սև
....
綠

նարնջագույն
....
棕

սպիտակ
....
灰

կանաչ
....
黑

շատ / քիչ

很多/少許

բարկացած / հանգիստ

生氣/平靜

գեղեցիկ / տգեղ

美/醜

սկսած / վերջը

首/尾

մեծ / փոքր

大/小

պայծառ / մութ

明/暗

եղբայրը / քույրը

兄弟/姐妹

մաքուր / կեղտոտ

乾淨/骯髒

ամբողջական / թերի

完整/缺失

օր / գիշեր

白天/晚上

մեռած / կենդանի

死/生

լայն / նեղ

寬/窄

ուտելի / անուտելի

可食用/非食用

չար / բարի

邪惡/善良

հուզված / ձանձրացրել

興奮/無聊

հաստ / բարակ

胖/瘦

առաջին / վերջին

第一/最後

ընկերը / թշնամին

朋友/敵人

լիքը / դատարկ

滿/空

կոշտ / փափուկ

硬/軟

ծանր / թեթև

重/輕

քաղց / ծարավ

餓/渴

հիվանդ / առողջ

生病/健康

անօրինական է / իրավաբանական

非法/合法

խելացի / հիմարություն

聰明/愚笨

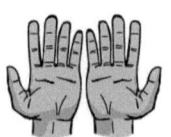

ձախ / աջ

左/右

մոտիկ / հեռու

近/遠

Նոր / օգտագործվում

新/舊

ոչինչ / ինչ - որ բան

沒有/有些

ծեր / երիտասարդ

老/幼

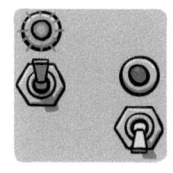

միացում անջատում

開/關

բաց / փակ

打開/關上

ցածր / բարձր

安靜/吵鬧

հարուստ / աղքատ

富/窮

ճիշտ / սխալ

對/錯

անհարթ / հարթ

粗糙/光滑

տխուր / ուրախ

傷心/高興

կարճ / երկար

短/長

դանդաղ / արագ

慢/快

թաց / չոր

濕/乾

տաք / թույն

溫暖/涼爽

պատերազմ / խաղաղությունը

戰爭/和平

թվեր
數字

0

զրո

零

1

մեկ

一

2

երկու

二

3

երեք

三

4

չորս

四

5

հինգ

五

6

վեց

六

7

յոթ

七

8

ութ

八

9

ինը

九

10

տաս

十

11

տասնմեկ

十一

12
տասներկու
十二

13
տասներեք
十三

14
տասնչորս
十四

15
տասնհինգ
十五

16
տասնվեց
十六

17
տասնյոթ
十七

18
տասնութ
十八

19
տասնինը
十九

20
քսան
二十

100
հարյուր
百

1.000
հազար
千

1.000.000
միլիոն
百萬

լեզուներ
語言

անգլերեն

英語

ամերիկյան անգլերեն

美式英語

չինարեն մանդարին

普通話

հինդի

印地語

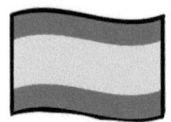

իսպաներեն

西班牙語

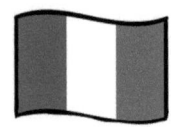

ֆրանսերեն

法語

արաբերեն

阿拉伯語

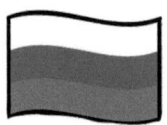

ռուսերեն

俄語

պորտուգալերեն

葡萄牙語

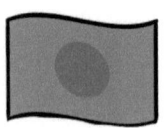

բենգալերեն

孟加拉語

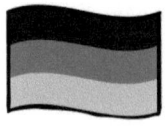

գերմաներեն

德語

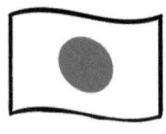

ճապոներեն

日語

Ով է /, թե ինչ է /, ինչպես
誰/什麼/如何

ես

我

դուք

你

Նա / նա /, որ դա

他/她/它

մենք

我們

դուք

你們

նրանք

他們

Ով է?

誰？

ինչ?

什麼？

ինչպես?

如何？

որտեղ.

何處？

երբ?

何時？

անուն

名字

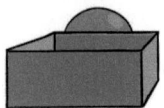

որտեղ
方位

ետևում

後面

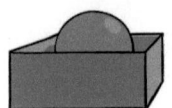

մեջ

裡面

դիմաց

前面

վրա

上方

վրա

上面

տակ

下麵

կողքին

旁邊

միջեւ

中間

տեղ

地點